La ba

Une histoire écrite par
Katia Canciani
et illustrée par
Julie Deschênes

À mon filleul Raphaël
Katia
À Éliane
Julie

cheval
masqué

Catalogage avant publication de Bibliothèque et Archives nationales du Québec et Bibliothèque et Archives Canada

Canciani, Katia, 1971-

La bataille au sommet

(Cheval masqué. Au pas) Pour enfants de 6 à 10 ans.

ISBN 978-2-89579-309-0

I. Deschênes, Julie. II. Titre. III. Collection: Cheval masqué. Au pas.

PS8605.A57B37 2010 jC843'.6 C2010-940723-7
PS9605.A57B37 2010

Nous reconnaissons l'aide financière du gouvernement du Canada par l'entremise du Programme d'aide au développement de l'industrie de l'édition (PADIÉ) pour nos activités d'édition.

Conseil des Arts du Canada / Canada Council for the Arts

Bayard Canada Livres inc. remercie le Conseil des Arts du Canada du soutien accordé à son programme d'édition dans le cadre du Programme des subventions globales aux éditeurs.

Cet ouvrage a été publié avec le soutien de la SODEC.
Gouvernement du Québec – Programme de crédit d'impôt pour l'édition de livres – Gestion SODEC.

Dépôt légal –
Bibliothèque et Archives nationales du Québec, 2010
Bibliothèque et Archives Canada, 2010

Direction : Andrée-Anne Gratton
Graphisme : Janou-Ève LeGuerrier
Révision : Sophie Sainte-Marie

4475, rue Frontenac
Montréal (Québec) H2H 2S2 Canada
Téléphone : 514 844-2111 ou 1 866 844-2111
Télécopieur : 514 278-0072
Courriel : edition@bayardcanada.com
Site Internet : www.bayardlivres.ca

Imprimé au Canada

Chapitre

1

UNE MONTAGNE DE NEIGE

Sophie adore ses bottes rouges et elle porte toujours son long foulard à pois. Quand Sophie a de la difficulté avec ses additions, elle mâchouille son crayon.

Mais ce qui rend Sophie vraiment unique, ce n'est pas ça. C'est son oreille gauche. Son oreille en forme de cœur. Grâce à elle, Sophie réussit à résoudre tous les conflits entre ses amis.

Ce matin, la cour d'école est enneigée. Dès que Sophie y pose le pied, elle sent son oreille gauche frémir.

Pourtant, avec sa tuque, Sophie n'a pas **froid**. C'est donc le signe qu'une bataille, quelque part, se prépare.

Sophie regarde autour d'elle. Il n'y a personne dans les balançoires. Il n'y a personne près du grand chêne. Il n'y a personne dans la structure de jeux. « Bizarre », pense-t-elle.

Sophie tourne le coin du bâtiment. Une immense montagne de neige se dresse devant elle. Au sommet, deux garçons se poussent et se repoussent.

Chapitre

2

LE ROI DE LA MONTAGNE

Du haut du tas de neige, Raphaël proclame :

— Je suis le roi de la montagne.

Patrick contre-attaque :

— Le roi, c'est moi !

Sophie déteste les disputes. Elle escalade la montagne.

— Que se passe-t-il ? demande-t-elle.

— Madame Bataille, tu ne pourras pas régler ça, l'avertit Raphaël.

« Madame Bataille », c'est le surnom de Sophie. C'est son surnom depuis le jour où elle a arrêté sa première bataille dans la cour.

Patrick explique :

— Je suis arrivé en haut le premier. C'est donc moi, le roi de la montagne.

— Moi, j'ai VU la montagne en premier, déclare aussitôt Raphaël.

Sophie s'apprête* à parler, mais la cloche sonne... Raphaël bouscule Patrick une nouvelle fois. Il le menace :

— Attends à la récréation ! Si tu montes encore sur MA montagne, je te fais débouler...

* Se prépare.

Chapitre 3

1+1= ?

Pendant tout le cours de mathématiques, Sophie se frotte l'oreille gauche. Ça l'aide toujours à réfléchir. « Comment empêcher cette bataille ? » se demande-t-elle.

Plus l'heure de la récréation approche, plus l'oreille de Sophie se couvre de boutons.

— Regardez son oreille, claironne Ariane. Il va y avoir une guerre...

Lorsque la cloche retentit, tous se dépêchent de s'habiller. Patrick et Raphaël filent dehors à toute vitesse. Leurs amis les suivent en courant.

Sophie attrape sa boîte de jus et rejoint le groupe agité.

Au sommet, Patrick est déjà tombé à la renverse.

— Debout, Patrick ! crient ses copains.

— Vive le roi Raphaël ! hurlent ses amis.

Patrick se relève. Il veut sauter sur son adversaire.

— Arrêtez ! s'époumone Sophie.

Soudain, madame Bataille a une idée. Elle sort son jus de betterave et de fraise de sa poche. Elle dit :

— Vous n'arriverez jamais à choisir qui est le roi. Alors on pourrait simplement dessiner une frontière sur la montagne…

— Une frontière ? C'est quoi ? demande Ariane.

Sophie répond :

— C'est une ligne qui sépare deux endroits.

Patrick et Raphaël se dévisagent.

— Une frontière, ça ne fait pas mon affaire ! réplique Raphaël.

Patrick affirme :

— Moi, ça me va… Je serai le roi du côté gauche, et toi, le roi du côté droit.

— On peut essayer, soupire Raphaël à contrecœur*.

Sophie verse un long filet de jus sur la neige. La frontière est tracée.

* Malgré lui.

Au bout de quelques minutes, la querelle éclate de nouveau. Patrick se plaint que les amis de Raphaël utilisent son sentier. Raphaël se plaint que les amis de Patrick détruisent sa glissade.

Raphaël déclare :

— Il ne peut y avoir qu'un seul roi sur une montagne. Voilà le problème !

— Justement, le roi, c'est moi ! grogne Patrick.

Cela n'annonce rien de bon pour la grande récréation de midi.

Chapitre 4

UN PREMIER... QUOI ?

Au cours du dîner, les boutons se multiplient sur l'oreille gauche de Sophie. Madame Bataille s'attend au pire. Elle engloutit son sandwich aux ananas et se dépêche d'aller attendre les garçons dehors.

Patrick, Raphaël et leurs amis atteignent le sommet. Sophie s'y trouve déjà. Elle est assise sur la frontière de jus.

— Raphaël, pourquoi tiens-tu tant à être le roi de la montagne ? lui demande Sophie.

— Euh... Parce que j'aime ça... être le chef.

Sophie se tourne vers Patrick.

— Et toi, Patrick ?

— Moi, je veux juste que tout le monde ait le droit de glisser.

Sophie se frotte l'oreille. Ce serait bien s'ils pouvaient tous profiter de la montagne pendant qu'elle est là. Une montagne de neige, ça ne dure pas toujours !

Sophie s'éclaircit la gorge. Elle propose :

— Et si... et si, au lieu d'un roi de la montagne, on élisait un premier ministre de la Montagne ?

Les enfants ne comprennent pas.

— Un quoi ? demande Ariane.

— Un premier ministre, c'est comme un chef, explique Sophie. Il dirige des ministres. Et un ministre, c'est comme l'assistant du chef.

— J'aimerais ça, être le premier ministre, dit Raphaël.

Patrick rouspète :

— C'est ça ! Moi, je ne suis plus rien maintenant...

Sophie suggère :

— Tu pourrais être le ministre de...

— ... de la Glissade ? complète Patrick.

— Bien sûr ! répond-elle.

Chapitre

5

AU VOTE !

L'idée de Sophie plaît à tous. Sophie poursuit :

— Il faut élire le premier ministre...

— Comme quand on élit un représentant de classe ? interroge un garçon.

— Exactement, dit Sophie.

Les élèves lèvent la main pour passer au vote. Certains changent d'idée pendant le décompte. Il faut donc recommencer plusieurs fois… Le vote est serré.

Raphaël est élu par deux voix. Il avoue :

— Mais demain, ça pourrait être quelqu'un d'autre. Parce que j'aimerais ça aussi, être un ministre.

Patrick riposte :

— Pas le **ministre** de la Glissade en tout cas... C'est moi !

— Non, j'aimerais plutôt être le **ministre** des... Acrobaties.

Ariane s'avance et tente de lever son bras cassé. Elle dit :

— Est-ce que je peux être la ministre des Blessures ?

Tout le monde rit.

Myriam s'avance :

— Et moi... la ministre de la Décoration ?

— De la Décoration ? s'étonnent Sophie, Patrick et Raphaël.

Myriam explique :

— Oui, je voudrais décorer la montagne.

— O. K. ! dit le nouveau premier ministre.

Myriam ordonne, satisfaite :

— Alors, demain, on apporte plein de trucs pour embellir notre montagne !

À partir de ce moment, personne ne se blesse. Personne ne pleure. Personne ne se fait voler son tour. Tout le monde s'amuse. Sophie est heureuse. Son oreille en forme de cœur rougit de bonheur.

Sophie note dans son journal :

Aujourd'hui, le 22 février
Nous avons élu un premier
ministre de la Montagne.
La bataille au sommet
a été évitée.

FIN

Voici les livres AU PAS de la collection :

- [ ] **Casse-toi la tête, Élisabeth !**
  de Sonia Sarfati et Fil et Julie
- [x] **La bataille au sommet**
- [ ] **La grande bataille**
  de Katia Canciani et Julie Deschênes
- [ ] **La famille Machin-Chouette en forêt**
  de Paule Brière et Rémy Simard
- [ ] **La soupe de grand-papa**
- [ ] **Le livre de grand-papa**
  de Francine Labrie et Marc Mongeau
- [ ] **Le chat de madame Sonia**
  de Marie Christine Hendrickx et Louise Catherine Bergeron
- [ ] **Le monstre de Chambouleville**
  de Louise Tidd et Philippe Germain
- [ ] **Le roi Gédéon**
  de Pierrette Dubé et Raymond Lebrun
- [ ] **Mange ta soupe, Marlou !**
  de Marie Christine Hendrickx et Julie Cossette
- [ ] **Mon frère Théo – Ma sœur Flavie**
- [ ] **Mon prof Marcel – Mon élève Théo**
  de France Lorrain et André Rivest
- [ ] **Où est Tat Tsang ?**
  de Nathalie Ferraris et Jean Morin
- [ ] **Plus vite, Bruno !**
  de Robert Soulières et Benoît Laverdière
- [ ] **Qui a volé le bâton de hockey ?**
  de Sharon Jennings et Jean Morin
- [ ] **Une histoire de pêche looooooooooongue comme ça !**
  de Robert Soulières et Paul Roux

Lesquels as-tu lus ? ☑